BEI GRIN MACHT SICH I
WISSEN BEZAHLT

- Wir veröffentlichen Ihre Hausarbeit,
  Bachelor- und Masterarbeit

- Ihr eigenes eBook und Buch -
  weltweit in allen wichtigen Shops

- Verdienen Sie an jedem Verkauf

Jetzt bei www.GRIN.com hochladen
und kostenlos publizieren

Bibliografische Information der Deutschen Nationalbibliothek:

Die Deutsche Bibliothek verzeichnet diese Publikation in der Deutschen National-bibliografie; detaillierte bibliografische Daten sind im Internet über http://dnb.d-nb.de/ abrufbar.

Impressum:

Copyright © 2010 GRIN Verlag, Open Publishing GmbH
Druck und Bindung: Books on Demand GmbH, Norderstedt Germany
ISBN: 9783640797080

Dieses Buch bei GRIN:

http://www.grin.com/de/e-book/164218/eine-einfuehrung-in-zeit-diskrete-homoge-ne-markov-ketten

Daniel Schulz

Eine Einführung in zeit-diskrete homogene Markov-Ketten

GRIN Verlag

GRIN - Your knowledge has value

Der GRIN Verlag publiziert seit 1998 wissenschaftliche Arbeiten von Studenten, Hochschullehrern und anderen Akademikern als eBook und gedrucktes Buch. Die Verlagswebsite www.grin.com ist die ideale Plattform zur Veröffentlichung von Hausarbeiten, Abschlussarbeiten, wissenschaftlichen Aufsätzen, Dissertationen und Fachbüchern.

Besuchen Sie uns im Internet:

http://www.grin.com/

http://www.facebook.com/grincom

http://www.twitter.com/grin_com

Inhaltsverzeichnis

1 Informationen

1.1 Abstract und Motivation

Markov-Ketten sind ein einfaches und anschauliches Modell um realweltliche Vorgänge mathematisch abzubilden. Bei bekannten und als konstant angenommenen Wahrscheinlichkeiten *(siehe Abgrenzung)* ist es möglich den wahrscheinlichen Zustand eines Systems in beliebiger Zukunft vorherzusagen. Markov-Ketten sind häufig die Grundlage für stochastische Prozesse, die

1. auf gedächtnislosem Zufall basieren [1, S.218-219] [9, S.1] [18, S.4] und

2. bei welchen Zustandsübergänge zu jeweils gegebenen Wahrscheinlichkeiten [9, S.2] [13, 14]

möglich sind. Liegen realweltliche Modelle vor, die sich mit den beiden oben genannten Eigenschaften modellieren lassen so ist die Anwendung von Markov-Ketten möglich [3, S.9-16] [3, S.22] [6] [14] . Zudem sind Markov-Ketten geeignet um subjektive Bewertungen unter Objekten in einem System objektiv auszuwerten. Ein Beispiel dafür ist Google's^{TM} PageRank^{TM} Algorithmus. Ein Beispiel dazu folgt bei den Anwendungen für Markov-Ketten. [7, S.1-2]

Markov-Ketten sind eine Reihe von Zuständen. Das System beinhaltet mögliche Zustände, die mit gewissen Wahrscheinlichkeiten erreicht werden können. Dieses System lässt sich als $(n \times n)$-Matrix darstellen. Die Zeile gibt den aktuellen Zustand an. Die Spalten alle erreichbaren. Die Einträge in der Matrix sind dabei die Wahrscheinlichkeiten gegeben einen bestimmten Zustand in einen anderen zu kommen oder in diesem zu verbleiben.

Die Lösung der Markov-Kette zu einer Zeit t_k gibt die Wahrscheinlichkeit an, mit welcher ich mich nach insgesamt k Schritten in einem anderen Zustand befinde. Für $k \to +\infty$ gibt sie die allgemeine Aufenthaltswahrscheinlichkeit in jedem Zustand an.

Anwendungsgebiete

Mit fortgeschrittenen Methoden ist es auch möglich Spamfilter, welche weitaus effektiver als der bekannte Bayesfilter sind, mittels Markov-Ketten zu implementieren. [19] Weiter kann man mit Markov-Ketten unter Anderem Warteschlangenprozesse, Geburts- und Todesprozesse sowie Wahrscheinlichkeitsverteilungen von Objekten in bewegten Systemen berechnen. [1, S.245-246] [21, S.7]

Zusätzlich ist es möglich anhand vieler subjektiver Empfehlungen ein objektives Ranking für das gesamte System anzulegen. Dafür reichen einige wenige fragmentierte und möglicherweise geclusterte Entscheidungen aus. Die Güte des gesamten Rankings steigt jedoch mit der Anzahl der Bewertungen. [2, 7, 8, 17]

1.2 Abgrenzung

Markov-Ketten können Systeme abbilden und mathematisch modellieren. Daraus lassen sich einfach Wahrscheinlichkeiten für das Eintreten von Zuständen errechnen. Das System muss sich hierfür modelliert immer in genau einem solchen Zustand befinden. Die Zeit der Übergänge zwischen Zuständen werden als infinitisimal klein angenommen. [12]

In diesem Paper wird die Thematik der zeitdiskreten und homogenen Markov-Ketten eingeführt. Der Begriff homogen wird in diesem Zusammenhang auch synonym mit "zeitinvariant" gesetzt: die Wahrscheinlichkeiten einen anderen Zustand zugelangen sind also nicht von der Zeit, sondern nur vom aktuellen Zustand, abhängig. Der Begriff zeit-diskret beschreibt eine Eigenschaft, dass ein endlicher Zustandsraum vorliegt. Es existieren diskrete, abzählbare Zeitpunkte und keine Intervalle. Diese Zustände t_k können voneinander verschiedene Abstände zum jeweiligen Nachfolger t_{k+1} haben. Der Zustand zum Zeitpunkt t_k ist im Allgemeinen verschieden vom Zustand zum Zeitpunkt t_{k+1}, für $k \in \mathbb{N}_0$. [1, S.236-237] [3, S.12-13]

1.3 Claim: Anspruch dieses Papers

Dieser Artikel soll ihnen einen adäquaten Einstieg in das Thema Markov-Ketten liefern. Auch ohne explizite Vorkenntnisse von Stochastik, Modellierung, etc. sollten Sie den Texten folgen können. Grundlegende Kenntnisse in Matrix-Vektor- und Matrix-Matrix-Multiplikation werden benötigt. Das letzte Drittel bietet traditionell einen weiteren Ausblick.

1.4 Konventionen

In diesem Paper verwenden wir folgende Variablen und Ausdrücke:

1. Anzahl aller erreichbaren von einander verschiedenen Systemzustände n

2. k sei der aktuelle Zustand im System oder zukünftige Zustände darin

3. Funktion $a(t_k)$ gebe die Position an, in welchem sich das System zur Zeit t_k befindet

4. Wahrscheinlichkeitsübergangsmatrix $P \in \mathbb{R}^{n \times n}$

5. Schattenmatrix $S \in \mathbb{R}^{n \times n}$ liege "hinter" der Matrix P

6. Wahrscheinlichkeitsübergangsmatrix mit eingerechneter Schattenmatrix $P_S \in \mathbb{R}^{n \times n}$

7. mit jeweils den Einträgen $p_{ij} \in P$ bzw. $p_{s_{ij}} \in P_S$

    (a) die Zeilen i bezeichnen die Zustände im gesamten System, wobei

    (b) die Spalten j die Wahrscheinlichkeiten abtragen um von i nach j zu gelangen

8. Irrtumswahrscheinlichkeit ε, dass es eine andere, bessere Alternative gibt

9. n verscheidene Zeilenvektoren r_i für $i = 1, 2, \ldots, n$, aus der Matrix P

10. aktuelle Wahrscheinlichkeitsverteilung π_k im Zustand k des Systems

Der Unterschied zwischen k und i ist wie folgt anzusehen: ist $k = x$ so befinden wir uns im x-ten Schritt der Markov-Kette. Es gab also keinen oder $(x - 1)$ Schritte davor. Ist $i = x$ so befinden wir uns an der Position $a(x)$ in der Markov-Kette. Die Wahrscheinlichkeiten jetzt in den nächsten Zustand j zu gelangen werden durch den die Wahrscheinlichkeitsverteilung $\pi_{i_j} = \pi_{k_j}$, j-tes Element im Vektor π_i, oder den Wert in p_{ij} aus P angegeben. [5, S.1-9] [6, S.1-10]

Die Wahrscheinlichkeit ε, dass eine andere Lösung trotz dieser Bewertungen die beste ist. $\varepsilon \in \mathbb{R}$ ist für gewöhnlich ein sehr kleiner Wert $0 < \varepsilon \ll 1$, kann allerdings im Fall des Google™ PageRank™ auch $0.15 \overset{\triangle}{=} 15\%$ betragen. [8, S.1-7] [15, S.1-4]

Die Schattenmatrix S ist die vollverknüpfte Matrix mit den, für gegebenes ε und n, konstanten Einträgen [2, 8, 17]

$$s_{ij} = \frac{\varepsilon}{n}, \forall i, j \in \{1, 2, \cdots, n\}.$$

Die Schattenmatrix S wird auf die Matrix P addiert. Um die Eigenschaft, die Zeilensumme muss Eins ergeben, zu erfüllen wird die Matrix P mit dem Faktor $(1 - \varepsilon)$ gewichtet. So ergibt sich folgender Zusammenhang: die Schattenmatrix S wird zusammen mit der "einfachen" Wahrscheinlichkeitsübergangsmatrix P, gewichtet zu P_S. Es gilt: [2, 7, 8, 17]

$$P_S = S + (1 - \varepsilon) * P.$$

Die Verwendung von P und P_S ist äquivalent. Der einzige Unterschied ist, dass in P_S die Schattenmatrix einbezogen worden ist. Wird hierbei vereinfacht von P gesprochen so lässt sich das Vorgehen in der Regel eins zu eins auf die Matrix P_S übertragen, sofern es nicht anders angezeigt worden ist. Der Umkehrschluss von P_S zu P gilt im Allgemeinen aber nicht, da P_S eine spezielle Ausprägung von P ist.

Zur Vereinfachung wird in den einführenden Beispielen $\varepsilon := 0$ angenommen. Die Schattenmatrix wird also nicht in das Modell eingerechnet um die Komplexität am Anfang zu minimieren. Näheres zu der Schattenmatrix S und der aggregierten Matrix P_S wird im Beispiel des PageRank™-Algorithmus' erklärt. Wir nehmen alle Wahrscheinlichkeiten innerhalb unserer Markov-Kette als positive, aber nicht notwendigerweise streng positive Werte an. Es gilt für gegebene Wahrscheinlichkeiten p_{ij}: $0 \leq p_{ij} \leq 1$, $p_{ij} \in \mathbb{R}$. [20, S.5-10]

2 Markov-Ketten: Beispiele und Lösung

2.1 Grundlagen

Markov-Ketten können hauptsächlich zwei Arten von Systemen modellieren: generelle Stochastische Petrinetze und Rankings aufgrund von subjektiven Empfehlungen. [2, 17] [3, S.22]

2.1.1 Generelle Stochastische Petrinetze

Der Einsatz von Markov-Ketten bietet an, wenn Modelle vorliegen, die sich auch als Generelle Stochastische Petrinetze (GSPN) modellieren lassen. [3, S.22] Das System muss folglich aus einer festen Anzahl von Zuständen bestehen. Zusätzlich müssen für alle Zustände die jeweiligen Wahrscheinlichkeiten für den Übergang in alle anderen Zustände vorliegen. Sind diese Wahrscheinlichkeiten in jedem Punkt in der Summe eins so kann daraus eine Markov-Kette gebildet werden. Hierbei werden wir uns auf zeit-diskrete homogene Markov-Ketten beschränken. Das heißt, dass die Wahrscheinlichkeiten nicht mit der Zeit variieren.

Mittels der stochastischen Wahrscheinlichkeiten für den Übergang eines Zustandes in einen anderen können hierbei Verteilungen in naher bis weit entfernter Zukunft vorhergesagt werden. Die für weit entfernte Zeiten getroffenen Aussagen sind dabei die Verteilungen des Systems im Allgemeinen. [22, S.2-4]

Können die Markov-Ketten homogen oder inhomogen sein so spricht man hierbei kurz auch von *DTMC* für *discrete time markov chains*. [3, S.12-16]

2.1.2 Rankings und Empfehlungen

Eine zweite hauptsächliche Anwendung findet sich bei subjektiven Rankings. Gegeben einer Zahl von Bewertungen kann ein objektives Gesamtranking für ein System erstellt werden. Die Güte dieses Gesamtrankings nimmt mit der Anzahl der subjektiven Einzelentscheidungen zu.

Ein Beispiel hierzu: In einem sozialen Netzwerk bewertet jedes Mitglied unter einem bestimmten, gleichen Aspekt seine Freunde. Er vergibt hierbei die subjektiven Empfehlungen. Je stärker gewichtet man seine Empfehlungen einer anderen Person gibt, desto "wichtiger" wird sie im gesamten System. Vergibt sie wiederum Empfehlungen an eine dritte Person, so wird diese Empfehlung stärker durch das Gewicht und die "Wichtigkeit" der Person, die sie empfohlen hat. Dieses Verhalten setzt sich rekursiv durch die gesamte Markov-Kette fort. Somit müssen keine expliziten Gewichtungen der Empfehler verteilt werden. Sie ergeben sich implizit zur Laufzeit.

Stellt man hierzu eine Markov-Kette auf, so kann für den Aspekt ein Ranking des gesamten Netzwerkes gebildet werden. Je mehr Bewertungen vorliegen und je mehr Freunde alle Mitglieder im Schnitt haben, also je näher das Netzwerk am vollvermaschten Netzwerk ist, desto besser wird des als objektiv anzusehende Ranking.

Über die Güte des möglichen Ergebnisses kann aufgrund fehlender Erfahrung nur spekuliert werden. Der Clou ist, dass man nur transitiv alle Mitglieder als Freundes-Freunde kennen sollte. Somit bewertet man diese über Freunde von Freunden, oder Freunde von Freundes-Freunden, etc. Das einzige Problem sind abgeschlossene Cliquen ohne Kontakte zum Rest des Netzwerkes. [2, 17]

2.2 Markov-Eigenschaft

Gedächtnisloser Zufall bezieht sich auf eine Eigenschaft ähnlich dem Würfelwurf. Diese hängen, wie das Spielen eines Würfels, nicht vom vorhergehenden Zustand ab. Das ist die sogenannte Markov-Eigenschaft. Sie besagt, dass der nächste Zustand nur vom aktuellen abhängen darf. Alle früheren Zustände haben keinen Einfluss auf Änderungen und müssen folglich nicht betrachtet werden. [18, S.5]

2.3 Allgemeine Lösung von Markov-Ketten

Die Lösung für Markov-Ketten im Unendlichen lässt sich mittels dreier Verfahren ermitteln: die Matrix-Potenzierung, die rekursive Matrix-Vektor-Multiplikation und das direkte Lösen mit der Gauss'schen Eliminierung. Auf letztere soll allerdings hier nicht näher eingegangen werden. [9, 10] [22, S.2-32]

Matrix-Vektor-Multiplikation

Dieses Verfahren ist das Einfachste. Die Wahrscheinlichkeiten im k-ten Zustand werden ermittelt durch folgende rekursive Formel:

$$\pi_k = \pi_{(k-1)} * P$$

Das heißt, dass sich die nächste Verteilung π_k aus der Verteilung davor, π_{k-1} und der Anfangsverteilung π_0 ergibt. Die Anfangsverteilung π_0 wird mit steigendem k immer weniger relevant für die Lösung π_k. Für $\lim_{k \to +\infty}$ gilt auch $\pi_k = \begin{pmatrix} 1 & 0 & \cdots & 0 \end{pmatrix} * P^k$. Der stochastische Vektor auf der linken Seite extrahiert hierbei einen der n Zeilenvektoen aus P. Der Einfachheit halber nehmen wir den Obersten.
Es kann hierfür jeder beliebige stochastische Vektor genommen werden. Da alle Zeilen in P gleich sind muss nur die Summe der Einträge im extrahierenden Vektor eins ergeben.

Das Verfahren iteriert solange bis die Differenz aus π_k und $\pi_{(k-1)}$ hinreichend klein geworden ist. Der Computer kann aufhören, wenn die Genauigkeit im Speicher nicht durch weitere Berechnungsschritte erhöht werden kann. Die Berechnung von π_k wird solange für eine Genauigkeitsschwelle λ durchgeführt bis die Zeilenweise summierte Differenz hinreichend genau gegen null konvergiert ist: [18, S.6-10]

$$\Delta(\pi_{(k-1)}, \pi_k) = \mid (\pi_{(k-1)} - \pi_k) \mid \; < \lambda$$

λ muss kleiner sein als die Länge des Vektors $\pi_{(k-1)} - \pi_k$. Ob $<$ oder $\leq$ ist in diesem Fall Definitionssache. [2, 6] Die Lösung nach Abbruch des Verfahrens ist gegeben durch π_k. Üblicherweise sollte die Genauigkeitsschwelle λ im Bereich von 10^{-6} oder kleiner liegen.

Die zueinander korrespondierenden Werte in $\pi_{(k-1)}$ und π_k konvergieren gegen denselben Grenzwert. Dieser Grenzwert z in π_{k_z}, also π_{k_z}, ist für $k \to +\infty$ die genaue mathematische Lösung für diesen Eintrag π_{k_z} – also den damit beschriebenen Zustand z nach k Iterationen.

Die Methode der Matrix-Vektor-Multiplikation wird für $\lim_{k \to +\infty}$, solange der Lösungsvektor mittels der letzten Verteilung $\pi_{(k-1)}$ neu berechnet bis sich der Lösungsvektor π_k verglichen mit seinem Vorgänger $\pi_{(k-1)}$ sich nicht mehr ändert. [2, 6, 17] [5, S.1-9]

Matrix-Potenzierung

Für die Matrix-Potenzierung wird die Matrix solange mit sich selbst potenziert bis alle Zeilenvektoren r_i, $\forall i \in \{1, 2, \ldots, n\}$, in P respektive P_S gegen den gleichen, konstanten Wert konvergiert sind. [2, 6, 14, 17] [5, S.1-9] [22, S.2-9] Hier müssen alle Einträge p_{ij} bzw. $p_{S_{ij}}$ zeilenweise gleich sein oder müssen hinreichend genau gerundet als gleich angesehen werden können. Das heißt, die Werte sollten in der mathematischen ε-Umgebung, der Name *(nicht das ε der Schattenmatrix)*, um den Grenzwert liegen.

Für n voneinander verschiedene Zustände ist die Wahrscheinlichkeitsmatrix P gegeben. Wir verwenden innerhalb der Matrix P Zeilenvektoren r_i für die i-te Zeile. Von jedem Zustand k muss das System immer einen neuen Zustand $k+1$, wobei im Allgemeinen $a(k) \neq a(k+1)$ gilt, erreichen können. Folglich gilt, dass aus jedem beliebigen Zustand es einen genau definierten Nachfolger geben muss:

$$\sum_{y=1}^{n} r_{i_y} = 1$$

Die Wahrscheinlichkeiten vom k-ten Zustand in den $(k+1)$-ten Zustand überzugehen, wobei $a(k) = a(k+1)$ auch möglich sein kann, werden in jeder Matrix P auf der Hauptdiagonalen p_{ii}, für $\forall i \in 1, 2, \ldots, n$, abgetragen. Das heißt, dass ausgehend vom jetzigen Zustand k auf jeden Fall ein anderer oder eben derselbe Zustand erreichbar sein muss. Die Wahrscheinlichkeiten r_{i_j} geben jeweils an wie hoch die Wahrscheinlichkeit ist von i nach j zu gelangen. Bei homogenen Markov-Ketten ist dieser Wert konstant, hängt also nur vom aktuellen Zustand, nicht aber von k oder t_k, ab. Bei zeitvarianten, also inhomogenen Markov-Ketten hängen die Wahrscheinlichkeiten für die Übergänge vom k-ten zum $(k+1)$-ten Zustand überzugehen von n ab. [6, 9, 10] Es gilt bei inhomogenen Markov-Ketten also $P(k)$ bzw. $P_S(k)$ statt nur P bzw. P_S, wie bei zeitinvarianten Markov-Ketten.

Dieses Verfahren lässt sich intuitiv aus der Matrix-Vektor-Multiplikation erkennen oder mittels struktureller Induktion herleiten bzw. beweisen. Man erhält daher eine Kette von Matrix-Multiplikationen à la $P * P * \cdots * P$ und den Initialzustand [18, S.8-9] . Äquivalent gilt das Vorgehen auch für P_S. Die Matrizen P und P_S sind hierbei nicht variabel. Wir erinnern uns, dass π_0 für $k = 0$ unsere Wahrscheinlichkeiten im Ausgangszustand ist. So ergibt sich für die Lösung der Markov-Kette für $k \to +\infty$ folgende Gleichung. $\pi_k = \pi_{(k-1)} * P$.

Mittels der Potenzierung der Wahrscheinlichkeitsmatrix P kann die Lösung wie folgt errechnet werden.

$$\pi_k = \underbrace{\begin{pmatrix} 1 & 0 & \cdots & 0 \end{pmatrix}}_{n} * P^k$$

Die Matrix P wird mit dem stochastischen Vektor $\begin{pmatrix} 1 & 0 & \cdots & 0 \end{pmatrix}$ multipliziert, um die erste Zeile aus P zu erhalten. Hierbei kann jeder beliebige stochastischer Vektor $\vec{v}_s$, der die Eigenschaft $\sum_{i=1}^{n} \vec{v}_{s_i} = 1$ erfüllt, verwendet werden. Der Grund hierfür ist, dass jeder Zeilenvektor r_i $\forall i \in 1, 2, \cdots, n$ der Matrix P gegen denselben Zeilenvektor r_i konvergiert. Diese Zeilenvektoren sind die Lösung der Markov-Kette im Unendlichen. [18, S.6-10]

2.4 Zukünftige Marktanteile mit Markov-Ketten bestimmen

Stellen wir uns den Markt von Fruchtsaftherstellern an: wir nehmen den Saft A, derzeit vertreten mit einem Marktanteil von 10%. Die anderen 90% des Marktes werden mit "Saft B" bezeichnet. Der Hersteller von Saft A führt in naher Zukunft eine Werbekampagne durch, bei welcher zu erwarten ist, dass 60% der Nicht-Kunden von Saft A zu jenem wechseln werden. Bei den Kunden, die bereits Saft A konsumieren werden 80% dem Saft treu bleiben. Die Pfeile geben die Zustandsübergänge mit den dazugehörigen Wahrscheinlichkeiten zum angegeben Kind an. [6, 14] [18, S.6-10]

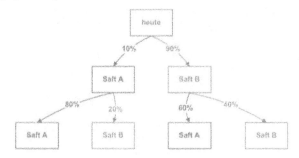

Abbildung 1: Beispiel Safthersteller: Marktanteile der Safthersteller mit gegebener Anfangsverteilung

Mittels Markov-Ketten können wir die wahrscheinlichsten Marktanteile für die nächste Woche bestimmen. Aus den gegebenen Marktanteilen lassen sich die Marktanteile π_1 für $k = 1$, also nach einer Woche der Kampagne, bestimmen:

$$
\begin{aligned}
\pi_1 &= 0.1 \times 0.8 + 0.9 \times 0.6 \\
\pi_1 &= 0.62 \triangleq 62\% \\
&\text{oder} \\
\pi_1 &= \begin{pmatrix} 0.1 & 0.9 \end{pmatrix} \begin{pmatrix} 0.8 & 0.2 \\ 0.6 & 0.4 \end{pmatrix} = \begin{pmatrix} 0.62 & 0.38 \end{pmatrix}
\end{aligned}
\tag{1}
$$

Mittels dieser Werte können wir die Marktanteile für die wiederum folgende Woche π_2 bestimmen. Die Konsumenten von Saft A sind in $k = 1$ mit 62% vertreten. Saft B wird zu 38% konsumiert.

$$
\begin{aligned}
\pi_2 &= 0.62 \times 0.8 + 0.38 \times 0.6 \\
\pi_2 &= 0.724 \triangleq 72.4\% \\
&\text{oder} \\
\pi_2 &= \begin{pmatrix} 0.62 & 0.38 \end{pmatrix} \begin{pmatrix} 0.8 & 0.2 \\ 0.6 & 0.4 \end{pmatrix} = \begin{pmatrix} 0.724 & 0.276 \end{pmatrix}
\end{aligned}
\tag{2}
$$

Wiederum hiermit können wir die Marktanteile π_3 für $k = 3$ bestimmen.

$$
\begin{aligned}
\pi_3 &= 0.724 \times 0.8 + 0.276 \times 0.6 \\
\pi_3 &= 0.7448 \triangleq 74.48\% \\
&\text{oder} \\
\pi_3 &= \begin{pmatrix} 0.724 & 0.276 \end{pmatrix} \begin{pmatrix} 0.8 & 0.2 \\ 0.6 & 0.4 \end{pmatrix} = \begin{pmatrix} 0.7448 & 0.2552 \end{pmatrix}
\end{aligned}
\tag{3}
$$

$(\cdots)$

Setzen wir dieses Verhalten rekursiv fort so können wir die Wahrscheinlichkeiten am Markt in der Unendlichkeit bestimmen. Die Einträge inm Lösungsvektor π konvergieren gegen die korrekte Lösung. Für $k \to +\infty$ gilt:

$$
\begin{aligned}
\pi_0 &= \begin{pmatrix} 0.1 & 0.9 \end{pmatrix} \\
\pi_k &= \pi_{(k-1)} * \begin{pmatrix} 0.8 & 0.2 \\ 0.6 & 0.4 \end{pmatrix} = \begin{pmatrix} 0.75 & 0.25 \end{pmatrix}
\end{aligned}
\tag{4}
$$

In diesem Fall ist der Vektor, gegen den π_k mit jedem größeren k konvergiert, $\lim_{k \to +\infty} = \begin{pmatrix} 0.75 & 0.25 \end{pmatrix}$.

Alternativ kann man auch folgende Gleichung bestimmen und kommt zum selben Ergebnis. Sie ist eine andere Schreibweise, wie die rekursive Lösung, basiert allerdings auf Potenzierung der Wahrscheinlichkeitsmatrix P.

$$
P^1 = \begin{pmatrix} 0.8 & 0.2 \\ 0.6 & 0.4 \end{pmatrix} = \begin{pmatrix} 0.8 & 0.2 \\ 0.6 & 0.4 \end{pmatrix}^1
$$

$$
P^2 = \begin{pmatrix} 0.76 & 0.24 \\ 0.72 & 0.28 \end{pmatrix} = \begin{pmatrix} 0.8 & 0.2 \\ 0.6 & 0.4 \end{pmatrix}^2
$$

$$
P^3 = \begin{pmatrix} 0.752 & 0.248 \\ 0.744 & 0.256 \end{pmatrix}
$$

$$
P^4 = \begin{pmatrix} 0.7504 & 0.2496 \\ 0.7488 & 0.2512 \end{pmatrix}
$$

$$(\cdots)$$

$$
P^8 = \begin{pmatrix} 0.75000064 & 0.24999936 \\ 0.74999808 & 0.25000192 \end{pmatrix}
$$

$$(\cdots)$$

$$
P^{16} = \begin{pmatrix} 0.750000000001638 & 0.249999999998362 \\ 0.749999999995085 & 0.250000000004915 \end{pmatrix}
$$

$$\tag{5}$$

Beispielsweise können wir hiermit aus der Matrix P^3 und der Anfangsverteilung π_0 die Wahrscheinlichkeitsverteilung π_3 in $k = 3$ errechnen:

$$
\begin{aligned}
\pi_3 &= \pi_0 * P^3 = \begin{pmatrix} 0.1 & 0.9 \end{pmatrix} * \begin{pmatrix} 0.752 & 0.248 \\ 0.744 & 0.256 \end{pmatrix} \\
\pi_3 &= \begin{pmatrix} 0.7448 & 0.2552 \end{pmatrix}
\end{aligned}
\tag{6}
$$

Wir können erkennen, dass die Zwischenlösungen mit beiden Methoden in π_3 und das Ergebnis für $k \to +\infty$ gleich sind. Für die anderen Zwischenlösungen verhält es sich genauso. Das kann man leicht an der rekursiven Bildungsvorschrift erkennen, indem man statt $\pi_{(k-1)}$ für $k \geq 1$ k-mal den Term "$*P$" an die Gleichung heran hängt und für $k = 0$ den Term "π_0" vorne einsetzt.

Der Hersteller wird also seinen 75% Marktanteil niemals überschreiten können. Er wird sich allerdings mit dieser Kampagne diesem Wert immer weiter annähern. Im Allgemeinen gilt für die Matrix-Potenzierung:

$$
\begin{aligned}
\pi_k &= \begin{pmatrix} 1 & 0 \end{pmatrix} * \begin{pmatrix} 0.8 & 0.2 \\ 0.6 & 0.4 \end{pmatrix}^k = \begin{pmatrix} 0.75 & 0.25 \end{pmatrix} \\
\pi_k &= \begin{pmatrix} 1 & 0 \end{pmatrix} * P^k
\end{aligned}
\tag{7}
$$

Der stochastische Vektor $(1, 0)$ extrahiert eine Zeile aus P. Die Zeilenvektoren $r \in P$ sind für $k \to +\infty$ gleich *(Näheres hierzu im Thema allgemeines Lösen von Markov-Ketten)*. Dabei fällt auf, dass die Marktanteile gegen einen Grenzwert konvergieren. Hierbei tritt der Marktanteil am Anfang immer weiter in den Hintergrund. Die Marktanteile um Unendlichen hängen also nicht vom Ausgangszustand des gesamten Systems ab. [22, S.2-9]

2.5 Ein Beispiel für Markov-Ketten

Stellen wir uns einen Frosch vor. Er sitzt auf einem schwimmenden Lilienblatt auf einem Teich. Der Frosch springt in unbekannten Abständen von einem Blatt auf ein anderes oder verbleibt an seiner Position. Die Lilienblätter sind auf dem Teich in der Art verteilt, dass der Frosch zwischen verschiedenen Alternativen mehr oder weniger Kraft aufwenden muss um auf jenes Blatt zugelangen.

Kennen wir die Wahrscheinlichkeiten, mit welchen er von einem Blatt auf ein anderes wechselt oder sitzen bleibt für jedes Blatt auf dem Teich so können wir seine Position vorhersagen. Kennen wir seine aktuelle Position k in t_k so können wir die Wahrscheinlichkeit angeben, mit welcher er sich in t_{k+1} an einer bestimmten Stelle befinden wird. Rekursiv können wir mit der Position in t_{k+1} angeben, wie wahrscheinlich sein Aufenthalt in t_{k+2} auf einer weiteren Position sein wird. [2, 7, 8, 17] [4, Kap. 1.1-1.3] [22, S.2-9]

Führt man dieses Modell weiter, also für $k \rightarrow +\infty$, so kann man sagen wo sich der Frosch am meisten aufhält. Das wird abgeleitet durch die Wahrscheinlichkeiten des Aufenthaltes in ferner Zukunft für jedes individuelle Blatt. Die Position, von welcher der Frosch startet, wird hierbei immer weniger wichtig je größer k wird.

Der Frosch sitzt gerade auf dem grünen Blatt. Er kann im nächsten Zustand auf Blatt eins, rot, oder das blaue Blatt zwei springen. Zudem kann er auf dem grünen, dritten Blatt sitzen bleiben. Seine Präferenz das rote Blatt zu besuchen ist weitaus stärker ausgeprägt als sitzen zu bleiben. Auf dem roten Blatt ist seine größte Präferenz sitzen zu bleiben. Auf dem blauen Blatt möchte der Frosch ebenfalls am liebsten auf das rote Blatt wechseln. Die drei möglichen Zustände und die dazugehörigen Wahrscheinlichkeiten sind im Folgenden dargestellt.

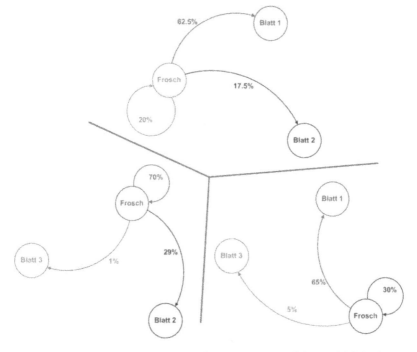

Abbildung 2: Beispiel Frosch: Die drei möglichen Situationen, in denen sich der Frosch befinden kann.

Die genauen Werte sind alle jeweils voneinander unabhängig. Die einzige Anforderung ist, dass sie in ihrer ausgehenden Summe, dem *Out-Degree*, 100% ergeben. Man kann erkennen, dass der Frosch Blatt eins bevorzugt. Dieses Blatt könnte in der Sonne liegen. Wo sich der Frosch im Zeitverlauf am häufigsten aufhält werden wir sehen, wenn wir die Markov-Kette im Unendlichen bestimmen. Für $k \to +\infty$ ergibt sich folgende Wahrscheinlichkeiten auf den Blättern.

$$\pi_k = \begin{pmatrix} 1 & 0 & 0 \end{pmatrix} * \begin{pmatrix} 0.7 & 0.29 & 0.01 \\ 0.65 & 0.3 & 0.05 \\ 0.625 & 0.175 & 0.2 \end{pmatrix}^k \tag{8}$$

$$= \begin{pmatrix} 0.68351 & 0.28983 & 0.02666 \end{pmatrix}$$

Unsere Vermutung der Frosch bevorzuge das rote Blatt hat sich also bestätigt. Wir können daraus schließen, dass sich der Frosch zu 68.4% der Zeit auf dem roten, zu 29% auf dem blauen und zu 2.6% auf dem grünen Blatt aufhalten wird. Diese Beispiele zeigten alle Wahrscheinlichkeiten, wie sie aus der subjektiven aussehen. Ein komplettes System, wie Markov-Ketten als Graph dargestellt werden, ist zusammen in einem Bild noch einmal im Folgenden dargestellt.

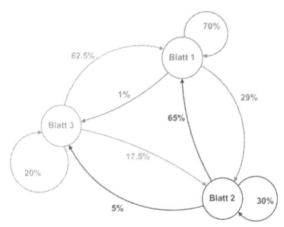

Abbildung 3: Beispiel Frosch: Die aggregierte Markov-Kette für alle möglichen Zustände.

Ein äquivalentes Beispiel, welches ebenso zur Einführung des Themas dienlich ist, ist die Vorhersage der Wetterlage. Sie funktioniert genauso. Man stelle sich einfach vor jedes Blatt sein eine andere Wetterlage. Auf welchem Blatt der Frosch sitze so werde das Wetter sich entwickeln.

3 Anwendungsgebiete

3.1 Anwendung von Markov-Ketten

Google's™ PageRank™

Google's™ Algorithmus PageRank™ verhält sich nach demselben Prinzip, wie der Frosch auf dem Teich aus der Einführung. Die Besucher der Webseite springen über Links von Webseite zu Webseite. Hierbei wird allerdings eine 15%-igen Wahrscheinlichkeit, dass der Benutzer die Adresse der gewünschten Webseite manuell eingibt und eben keinen Link dazu benutzt. Diese Wahrscheinlichkeiten werden als Schattenmatrix S auf die Wahrscheinlichkeitsmatrix P der Markov-Kette addiert. Die Matrix P wird derart skaliert, dass die Zeilensumme genau eins bleibt. So wird P mit dem Faktor 0.85 skalarmultipliziert. Addiert man jetzt die Schattenmatrix S hinzu ergibt sich P_S. Im Allgemeinen sind diese reflexiven Einträge voneinander verschieden. Stellen wir uns vor, dass einige der Lilienblätter dauerhaft in der Sonne lägen so würden. So würde der Frosch einen eindeutigen Anreiz haben sitzen zu bleiben. Dieser Anreiz wäre weitaus größer als auf schattigen Blättern zu sitzen, da der Frosch als Kaltblüter so seine Körpertemperatur regelt. [2, 6, 7, 8, 12, 17] [5, S.10-19]

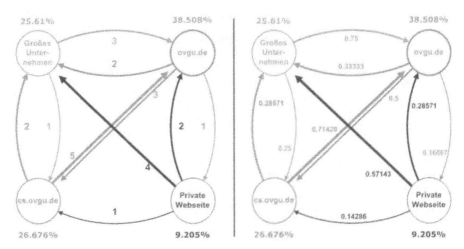

Abbildung 4: Anwendung des PageRank™: Ein kleines Beispiel für einen PageRank™ zwischen vier Webseiten.

Auf der rechten Seite sind die Webseiten dargestellt. Die Kanten sind mit der Anzahl der Links, die ausgehen, beschriftet. Auf der rechten Seite sind die ausgehenden Links auf eins normiert dargestellt. Diese Gewichte können wir in die Matrix P eintragen. Es ergibt sich folgende Matrix.

$$P = \begin{pmatrix} p_{11} & p_{12} & p_{13} & p_{14} \\ p_{21} & p_{22} & p_{23} & p_{24} \\ p_{31} & p_{32} & p_{33} & p_{34} \\ p_{41} & p_{42} & p_{43} & p_{44} \end{pmatrix}$$

$$P = \begin{pmatrix} 0 & 0.75 & 0 & 0.25 \\ 0.33333 & 0 & 0.16667 & 0.5 \\ 0.57143 & 0.28571 & 0 & 0.14286 \\ 0.28571 & 0.71429 & 0 & 0 \end{pmatrix}$$

(9)

Beispielsweise gibt der Eintrag p_{13} an mit welcher Wahrscheinlichkeit man von Zustand $i = 1$ in Zustand $j = 3$ übergeht.

Mit eingerechneter Schattenmatrix S ergibt sich aus $P_S = S + (1 - \varepsilon) * P$ die Matrix P_S mit Schattenmatrix:

$$
P_S = \begin{pmatrix} 0.0375 & 0.0375 & 0.0375 & 0.0375 \\ 0.0375 & 0.0375 & 0.0375 & 0.0375 \\ 0.0375 & 0.0375 & 0.0375 & 0.0375 \\ 0.0375 & 0.0375 & 0.0375 & 0.0375 \end{pmatrix} + (1 - \varepsilon) * \begin{pmatrix} 0 & 0.75 & 0 & 0.25 \\ 0.33333 & 0 & 0.16667 & 0.5 \\ 0.57143 & 0.28571 & 0 & 0.14286 \\ 0.28571 & 0.71429 & 0 & 0 \end{pmatrix}
$$

$$
= \begin{pmatrix} 0.0375 & 0.0375 & 0.0375 & 0.0375 \\ 0.0375 & 0.0375 & 0.0375 & 0.0375 \\ 0.0375 & 0.0375 & 0.0375 & 0.0375 \\ 0.0375 & 0.0375 & 0.0375 & 0.0375 \end{pmatrix} + \begin{pmatrix} 0 & 0.6375 & 0 & 0.2125 \\ 0.2833305 & 0 & 0.1416695 & 0.425 \\ 0.4857155 & 0.2428535 & 0 & 0.121431 \\ 0.2428535 & 0.6071465 & 0 & 0 \end{pmatrix}
$$

$$
P_S = \begin{pmatrix} 0.0375 & 0.675 & 0.0375 & 0.25 \\ 0.320833 & 0.0375 & 0.179167 & 0.4625 \\ 0.523214 & 0.280357 & 0.0375 & 0.158929 \\ 0.280357 & 0.644643 & 0.0375 & 0.0375 \end{pmatrix}
$$

(10)

Man beachte, dass die 15%-Werte der Schattenmatrix auf alle Zeilenvektoren gleich aufgeteilt werden. Daher sind die Einträge der Schattenmatrix $s_{ij} = \dfrac{\varepsilon}{n} = \dfrac{0.15}{4} = 0.0375$.

Die Lösung der Matrix P_S ergibt sich durch Potenzierung für $k \to +\infty$. Die Spalten geben die allgemeine Aufenthaltswahrscheinlichkeit in j an. Unabhängig vom Starkpunkt.

$$
\pi_k = \begin{pmatrix} 1 & 0 & 0 & 0 \end{pmatrix} * P_S^k
$$

$$
\pi_k = \begin{pmatrix} 1 & 0 & 0 & 0 \end{pmatrix} * \begin{pmatrix} 0.2561 & 0.38509 & 0.09205 & 0.26676 \\ 0.2561 & 0.38509 & 0.09205 & 0.26676 \\ 0.2561 & 0.38509 & 0.09205 & 0.26676 \\ 0.2561 & 0.38509 & 0.09205 & 0.26676 \end{pmatrix}
$$

(11)

$$
\pi_k = \begin{pmatrix} 0.2561 & 0.38509 & 0.09205 & 0.26676 \end{pmatrix}
$$

3.2 Wo kann man Markov-Ketten einsetzen?

Markov-Ketten sind ein gutes Werkzeug um für Systeme mit endlich vielen Zuständen und gegebenen Wahrscheinlichkeiten des Übergangs die Wahrscheinlichkeit eines beliebigen zukünftigen Zustandes zu errechnen. Ein einfaches Beispiel ist der Frosch auf dem Teich oder der Marktanteil von Firmen. So eignen sich Markov-Ketten im Allgemeinen für alle Fälle, welche sich mit Generellen Stochastischen Petri-Netzen modellieren lassen. [3, S.22]

Darüber hinaus sind sie nützlich um aus Empfehlungen und Rangordnungen, die untereinander subjektiv verknüpft sind, eine objektive Rangfolge zu erstellen. Eine Restwahrscheinlichkeit des Irrtums kann hierbei einbezogen werden. Das wird über die Schattenmatrix S realisiert. Ein Beispiel für eine Rangfolge aus subjektiven Verknüpfungen ist die Anwendung von Google's^{TM} PageRank^{TM}-Algorithmus. Die Webseiten sind bei Weitem nicht vollständig verknüpft. Jedoch liefern sie ein gutes Maß welche aus dem gesamten System der Webseiten in welchem Maß objektiv relevant sind.

Die Verwendung einer Schattenmatrix hat den Vorteil, dass sich keine Senken bilden können. Kein Knoten kann hierdurch "absorbierend" werden. Als absorbierend bezeichnet man die Eigenschaft, dass ein Zustand, ist er einmal eingetreten, nie wieder verlassen werden kann. Der Zeilenvektor r_i hat also in $r_{i_i} = 1$ und für alle anderen Elemente null.

Eine Wahrscheinlichkeitsübergangsmatrix P_S mit einem $\varepsilon \neq 0$ entfernt somit die Eigenschaft, dass ein Zustand absorbiert. Zustände können mit Schattenmatrix nur noch stark auf sich selbst zeigen, stark reflexiv sein, aber nicht mehr mit Sicherheit das System in diesem Zustand binden, da immer minimale Rückflüsse an alle anderen $n - 1$ Knoten erfolgen. [8, S.1-10] [2, 6, 17]

3.3 Vor- und Nachteile

Markov-Ketten sind allerdings nicht für alle Szenarien geeignet. Zuerst muss man sich im Klaren sein, ob der Fall einen Einsatz von Markov-Ketten ermöglicht. Das hängt von der realweltlichen Modellierungsaufgabe ab.

Nachteile

Einer der größten Nachteile homogener Markov-Ketten ist, dass sie nicht von der Zeit abhängen. Das macht das Berechnen einfacher. Es sorgt allerdings auch dafür, dass möglicherweise hierbei zu stark vereinfacht werden muss. Zum Beispiel kann man sagen, wie wahrscheinlich es ist, dass der Frosch auf einem bestimmten Lilienblatt sitzt. Allerdings hängt das ganz entscheidend zum Beispiel vom Sonnenstand ab, der sich wiederum mit der Zeit verändert. Somit kann man Wahrscheinlichkeiten errechnen, die zu einem gegebenen Zeitpunkt sehr unwahrscheinlich sind allerdings unser Modell nur jene Wahrscheinlichkeiten über den gesamten Tag betrachtet.

Genau diese Vereinfachung, keine vorhergehenden Informationen zu betrachten ist allerdings auch die größte Schwäche an diesem System. So ist es nicht unbedingt sehr wahrscheinlich, wenn man bereits sehr lange in ein und demselben Zustand verblieb, dass sich das im nächsten Schritt ändern wird. Die einzig entscheidende Einflussgröße ist und bleibt hier die Wahrscheinlichkeitsübergangsmatrix P. Sei k der Zustand, in dem man verweile, so gibt nur p_{kk} an, wie wahrscheinlich der Verbleib in k ist.

Wiederum kann die Vereinfachung, die Zustandswechsel sind infinitesimal klein, ebenso hinderlich sein. Betrachtet man Reisende zwischen Städten könnte man diese Annahme treffen. Für Vielflieger und -fahrer, die einen Großteil ihrer Zeit zwischen den Städten verbringen würde man einen weiteren Zustand "auf Reise" benötigen.

Da Markov-Ketten die sogenannte Markov-Eigenschaft, also die Gedächtnislosigkeit, erfüllen müssen können sie nicht das komplette Spektrum des Zufalls abdecken. Für Fälle, die wie der Würfelwurf konstante Wahrscheinlichkeiten besitzen, also ohne Merken der vorhergehenden "Geschichte" auskommen, eignen sie sich gut. Für Kartenspiel, wo das Errinnern an gespielte Karten einen Vorteil bietet, sind Markov-Ketten wegen der Markov-Eigenschaft nicht geeignet. Hierbei rächt sich der Vorteil, die kommenden Ereignisse zu vernachlässigen und nur den aktuellen Zustand zur Vorhersage des kommenden Zustand zu nutzen. [5, S.10-19] [6] [18, S.5]

Vorteile und Chancen

Der Vorteil bei der Verwendung von Markov-Ketten ist, dass man nicht alle vorherigen Zustände und auch keine Informationen über eine lange vorgeschichtliche Entwicklung benötigt um die Wahrscheinlichkeit für das Eintreten eines zukünftigen Ereignisses bestimmen zu können. Man muss den aktuellen Zustand betrachten und kann sagen, wie sich das System wahrscheinlich entwickeln wird. Bei inhomogenen Markov-Ketten ist hier noch der Zeitpunkt des Zustandes relevant.

So wird die Arbeit mit Markov-Ketten schnell und ist vergleichsweise weniger rechenaufwendig als mit der kompletten oder teilweisen Vorgeschichte. [5, S.10-19] [6, 7, 8] [18, S.5]

4 Resumée

Markov Ketten sind in gutes Werkzeug um stochastische Prozesse oder subjektive Bewertungen objektiv zu untersuchen. Sind die entsprechenden Voraussetzungen gegeben kann somit eine mindestens gute mathematische Lösung und Modellierung eines Problems erfolgen. Da man mittels Markov-Ketten Unsicherheiten beseitigen und diese mit konkreten Zahlen ersetzen kann ist es für die Untersuchung von Langzeitprozessen geeignet.

Allerdings bringt die Verwendung von Markov-Ketten auch entsprechende Nachteile mit sich: teilweise kann die Annahme der Prozess basiere nicht auf früheren Ereignissen, sondern hänge alleinig vom aktuellen Zustand ab, das mathematische und das real-weltliche Modell stark auseinander treiben. Vor allem durch die sogenannte Error-Propagation werden Berechnungen auf sehr lange Zeit in die Zukunft eventuell sehr stark verfälscht.

Im Allgemeinen ist bei Markov-Ketten das Gleiche zu beachten, wie bei allen Modellen: man muss sich bewusst sein, ob das Modell für den vorliegenden Fall anwendbar ist oder nicht. Ist er das so kann mittels Markov-Ketten ein großer Schritt von Unsicherheit zu sehr detaillierten Wahrscheinlichkeiten gegangen werden. Ist er das nicht kann man oftmals mit den Ergebnissen nicht viel anfangen. Markov-Ketten sind, wie viele Simulationsmethoden, kein Allheilmittel und unterliegen den ihr-eigenen Annahmen und Voraussetzungen für die Anwendbarkeit. Sind diese gegeben können sie jedoch ihre Stärken voll nutzen. [5, S.10-19] [6] [18, S.5]

5 Danksagungen

Ich möchte mich an dieser Stelle bei vielen Leuten bedanken. Sie haben sich Zeit genommen und sich die Mühe gemacht dieses Paper noch besser zu machen. Danke dafür.

Ein besonderer Dank geht an Frau Dr. Claudia Krull. Sie hat sich die Mühe gemacht das Paper in einem frühen Stadium fachlich, methodisch und sprachlich zu korrigieren. Des weiteren haben viele Freunde und Kommilitonen ebensolchen Beirat gegeben. Sie alle wurden sie wegen ihrer Vorkenntnisse in Markov-Ketten, allgemein fachlicher bzw. methodischer Begabungen ausgewählt. Ein besonderer Dank geht auch an

- Benjamin-Heinz Meier
- Matthias Baumann
- Sandra Schulz
- Antje Hübler
- Sascha Elsner
- Daniel Schmidt
- Kai Dannies
- Matthias Kliche
- Matthias Strauss
- Ulrike Beige
- Andreas Schuster und
- Tobias Mittelstädt

Vielen Dank für die Rückmeldungen und unvoreingenommene Einschätzung des Papers.

6 Quellenverzeichnis

1. **[Simulation 09]** Hans-Joachim Bungartz, Stefan Zimmer, Martin Buchholz, Dirk Pflüger. Modellbildung und Simulation, eXamen.press, Springer-Verlag, Berlin, Heidelberg, 2009.

2. **[IdeaPeak 10]** Sascha Elsner, Martin Schüßler, Daniel Schulz, Markus Wirth. Entwicklung und Bewertung von Stop Kriterien bei der Markov-Ketten gestützten Bewertung von Alternativen. Online-Quelle. http://www.sim.ovgu.de/kurse_ws_10_11/kurse_ws_10_11/softwareprojekte_zum_it_pm/ideapeak.html, 14. November 2010.

3. **[Krull 08]** Dipl.-Ing. Claudia Krull. Discrete-Time Markov Chains: Advanced Applications In Simulation, SCS Publ. House e.V., Erlangen, 2008.

4. **[Stewart 94]** William J. Stewart. Introduction to the numerical solution of Markov chains. Princeton Univ. Press, Princeton, NJ, 1994.

5. **[Grinstead-Snell 97]** Charles M. Grinstead, J. Laurie Snell. Chapter 11 – Markov Chains. Introduction to probability. American Mathematical Society, 2. Auflage, 1997.

6. **[Besprechung]** Besprechung mit Dr. Claudia Krull. Datum: 20. Oktober 2010.

7. **[InsidePageRank 08]** Studienstiftung Salem 2008. Inside PageRank – Markov-Chain-Theory. Online-Quelle: www.sam.math.ethz.ch/~kressner/.../Markov_Chain_Theory.pdf, erschienen: 29. August 2008, letzte Sichtung: 14. November 2010.

8. **[Moler 09]** Cleve Moler. The world's largest matrix computation. Matlab News and Notes, 8. August 2009.

9. **[WP-de-MarkovKette]** Wikipedia. Die freie Online-Enzyklopädie (deutschsprachige Fassung). Online-Quelle. http://de.wikipedia.org/w/index.php?title=Markow-Kette&oldid=80833049, 28. Oktober 2010.

10. **[WP-en-MarkovChain]** Wikipedia. Die freie Online-Enzyklopädie (englischsprachige Fassung). Online-Quelle. http://en.wikipedia.org/w/index.php?title=Markov_chain&oldid=394586440, 3. November 2010.

11. **[WP-en-HMM]** Wikipedia. Die freie Online-Enzyklopädie (englischsprachige Fassung). Online-Quelle. http://en.wikipedia.org/w/index.php?title=Hidden_Markov_model&oldid=396257172, 12. November 2010.

12. **[WP-en-Examples]** Wikipedia. Examples of Markov chains. Online-Quelle: http://en.wikipedia.org/w/index.php?title=Examples_of_Markov_chains&oldid=384067453, 14. November 2010.

13. **[WolframMathWorld]** Wolfram MathWorld. Markov Chain. Online-Quelle: http://mathworld.wolfram.com/MarkovChain.html, 14. November 2010.

14. **[patrickJMT 10]** User "patrickJMT". Introduction to Markov Chains. Online-Quelle: Part 1: http://www.youtube.com/watch?v=uvYTGEZQTEs, 13. Januar 2010, Part 2: http://www.youtube.com/watch?v=jtHBfLtMq4U, 18. Januar 2010.

15. **[Meintrup-Schaeffler 05]** David Meintrup, Stefan Schäffler. Stochastik: Theorie und Anwendungen. Springer Verlag, Berlin, 1. Auflage, 2005.

16. **[Langville-Meyer 03]** Amy N. Langville, Carl D. Meyer. A Survey of Eigenvector Methods of Web Information Retrieval. Online-Quelle: http://citeseerx.ist.psu.edu/viewdoc/download?doi=10.1.1.2.3652&rep=rep1&type=pdf, 17. Dezember 2003.

17. **[IdeaPeak-blog]** Sascha Elsner, Martin Schüßler, Daniel Schulz, Markus Wirth. Quellcode aus dem Projekt und Blogeinträge: Entwicklung und Bewertung von Stop Kriterien bei der Markov-Ketten gestützten Bewertung von Alternativen. Online-Quelle. http://ideapeak.danielschulz.it/, Einträge veröffentlicht zwischen dem 24. März 2010 und 16. Juli 2010, letzte Sichtung: 14. November 2010.

18. **[Stüven 02]** Pirjetta Stüven. Markov-Ketten: ein kurzer Überblick. Online-Quelle aus dem Grin-Verlage: http://www.grin.com/e-book/4436/markov-ketten-ein-kurzer-ueberblick, erschienen: in Kiel, am 22. Mai 2002, letzte Sichtung: 22. Oktober 2010.

19. **[WP-de-MarkovFilter]** Wikipedia. Die freie Online-Enzyklopädie (deutschsprachige Fassung). Online-Quelle. http://de.wikipedia.org/w/index.php?title=Markov-Filter&oldid=68891271, 6. Januar 2010.

20. **[Plehn 07]** Thomas Plehn. MCMC-Methoden. Masterarbeit im Rahmen des Seminars "Elementare Wahrscheinlichkeitsrechnung", Universität Bielefeld, Fakultät für Mathematik, auch Online verfügbar. http://www.grin.com/e-book/111127/mcmc-methoden-markov-chain-monte-carlo. Sommersemester 2007.

21. **[Sauerwein 05]** Fabian Sauerwein. Mathematische Grundlagen der Warteschlangetheorie/ Markov-Ketten. Seminararbeit, Johann Wolfgang Goethe Universität Frankfurt am Main, Fachbereich Wirtschaftswissenschaften, Sommersemester 2005.

22. **[Page 06]** Lavon B. Page. Regular Markov Chains – steady state probability distributions. Online-Quelle. http://www.math.ncsu.edu/ma114/PDF/6.3.pdf, erschienen: 2006, letzte Sichtung: 14. November 2010.

Abbildungsverzeichnis

letzte Änderung am 21. November 2010

BEI GRIN MACHT SICH IHR WISSEN BEZAHLT

- Wir veröffentlichen Ihre Hausarbeit,
  Bachelor- und Masterarbeit

- Ihr eigenes eBook und Buch -
  weltweit in allen wichtigen Shops

- Verdienen Sie an jedem Verkauf

Jetzt bei www.GRIN.com hochladen und kostenlos publizieren